我的第一本
法律启蒙书

代晓琴◎著

中国法制出版社
CHINA LEGAL PUBLISHING HOUSE

序

小时候，我最大的理想是成为一只魔法狮。要知道魔法是一门很高深的学问，对于一只养尊处优的狮子而言，学起来是难上加难。但如果这只狮子有理想、有毅力的话，一切都不是问题。

很显然，我就是那只有理想、有毅力的狮子，所以我很荣幸地成了一只魔法狮，而且是特别著名的那种。之后我环游地球，来到了人类世界。不得不说，人类世界和我们动物世界确实存在着很大的差别。慢慢地，我明白了要想在人类世界立足，只有魔法还远远不够，必须博学多才才行。那时候，我最大的理想变成了成为一只博学多才的魔法狮。

很长一段时间里，我躲在人类世界里埋头苦学。终于，我明白了很多学科的知识都是相通的，它们之间有共同的纽带，存在着彼此相连的关系。

其中，最令我感兴趣的是一门叫法律的学科。

法律是什么？是不准欺负人，是不准大人喝酒之后开车，还是不准小孩耍脾气？是不准打架，是不准偷别人的东西，还是不准不完成作业？它身上有哪些特征？它是人类与生俱来的吗？它与我们的生活、学习有着怎样的关系……开始的时候，我也像你一样问了许多问题，还产生了许多奇奇怪怪的猜想。

在学过小山一样高的法律典籍，读过比天上的星星还多的法律条款，接触过数也数不清的法律案例之后，我悟出了其间的奥妙。最重要的一点就是，我明白了法律对我们真的很重要。所以，此刻我最大的理想又变成了和捧着书本的你一起推开法律的大门，一睹它的真容。

千万别误会，认为我会给你看小山一样高的法律典籍，读比天上的星星还多的法律条款……要知道，对于一只有理想、有毅力的狮子而言，无论多么高深的学问，我也会将它变得简单易学。放松心情，让我们一起喊：芝麻，请打开法律的大门吧——

目录

第一篇

芝麻开门

1. 班规的启示

玩具是童年的“玩伴儿”。自个儿玩自得其乐，和小伙伴玩有着分享的乐趣。如果将玩具带进课堂，会怎样呢?

一、二、三，将玩具拿出来！还好，老师没看见。四、五、六，将玩具玩起来！糟糕，老师发现了玩玩具的我们。毫无悬念地，她朝这边走过来了。她要没收玩具，将玩具摔个稀巴烂？她要命令我们站起来，回答她的一千个提问？或者，她让我们下课后去她的办公室？又或者，她让我们将家长请到学校来……在暴风雨来临之前，我们不敢想，也不敢问。

“历史”总是惊人的相似，课堂上玩玩具的小伙伴受到了严厉的批评，还被逼着写下了“保证书”，保证再也不将玩具带到课堂上去。

玩具事件，让你在老师心目中的形象大打折扣。不过，这不能怪我，因为我刚才是说“如果将玩具带进课堂……”，“如果”只是一种假设。谁让你真的将玩具带进课堂呢？将玩具带进课堂也就算了，为什么还要玩起来?

心里有些憋屈？甚至将矛头指向老师。老师，她凭什么批评我们？是以大欺小，仗着自己是老师欺负人？玩具不能玩，为什么厂家要生产出来？事已至此，老师是不是也应该批评一下玩具公司的老板，让他们也写份“保证书”，保证不将玩具卖给那些想将玩具带进课堂的小朋友……其实，这些都不是问题的关键，问题的关键在于，一心不能二用，上课玩玩具违反了“上课专心听讲”这条班规。

说起班规，我就来气。记得小时候，我的老师也制定了很多班规，这个可恶的班规弄得我不敢骂人、不敢打架、不敢给小伙伴取绰号，不敢迟到、不敢早退、不敢不认真听讲……条条款款让我小时候没少挨批评。不过，我很快就想通了。

有一天，我们班与另一个班级联谊，在排队领取活动用具的环节，联谊班级的同学不排队、不守纪律，场面一度失控。那一刻，我就在想：班规，必须得有啊！

班级有了班规，约束了同学们的行为，老师管理起来也得心应手。走出班级的小圈子，看看社会上的人和事。人有千千万，不乏“调皮”之辈。他们或趁着别人不注意偷走财物，或欺负弱小，或霸占人家的财产，或为了自己的利益侵犯人家的权利……就像不守纪律的同学会影响其他同学专心学习一样，“调皮”之辈的种种行为也会影响到其他人的正常生活，给其他人带来不便，甚至破坏整个社会的安定团结。

说到这里，我们一定明白了社会同样也需要一种规则来制约的道理。而且，这个规则必须足够强大、足够公平。其实，这个规则就是法律。法律作为维持整个社会正常运转的基本规则，与每一个人的生活密切相关。它既是维护国家稳定、各项事业蓬勃发展的最强有力的武器，也是捍卫人民群众权利和利益的工具。

有了这样强大的“规则”，那些“调皮”之辈也就没那么肆无忌惮了。

魔法小贴士

法律是维持整个社会正常运转的基本规则，是维护国家稳定、各项事业蓬勃发展的最强有力的武器，也是捍卫人民群众权利和利益的工具。

2. 蚂蚁的“文明”

我们来做一个小实验，这个小实验需要一些面包、蛋卷，或者其他的零食。说起零食，我们是不是已经有了吃的冲动？没错，今天这个实验就与吃有关。不过，零食是给蚂蚁准备的。

选一个能看见蚂蚁的地方，可以是公园的一角、小区的花园，或者郊区的某个地方，反正能看见蚂蚁就行。将准备好的零食撕成小块儿，放在小蚂蚁能感觉到的地方，然后静静地等待。

当一只蚂蚁靠近地上的食物小块儿时，我们的肚子也饿得咕咕直叫。瞧，蚂蚁发现了地上的食物。可是，它并没有像我们想象中的那样大吃特吃。它，竟然飞快地离开了。

我们好心好意请客，小蚂蚁竟然不领情，早知道这样，还不如自己吃掉。别急，再等等看。眨眼功夫，一群蚂蚁浩浩荡荡地赶来了。它们三个一群、五个一伙，秩序井然地将面包块儿、蛋卷块儿运走了。

实验做到这里，我们一定猜到那群浩浩荡荡的蚂蚁“运

输大队”，就是之前那只发现食物后飞快离开的蚂蚁叫来的。“报信”的蚂蚁，其实就是蚁群里的“侦察蚁”。“侦察蚁”专门负责外出侦察食物来源，一旦找到食物就会经最短的途径返回巢穴并沿途留下信息素，然后带领其他工蚁找到食物，并有序地运回巢穴。之后，蚁群所有的蚂蚁都会分到属于自己的一杯羹。

蚂蚁们分工明确、利益共享，像个文明的群体。这种群体的相互关系与人类在原始社会的状况有些类似。原始社会生产力低下，人们无法与大自然抗衡，很难独自生存，便像蚂蚁那样群居在一起。大家共同劳动、相互协作、平均分配，每个人都恪守本分。

所不同的是，蚂蚁是动物，每一种行为都是纯粹出自动物的本能。人类是高等智力动物，人类社会的一切都在发展变化之中。原始社会末期，随着生产力水平的提高，农产品有了剩余。这为氏族首领们的私人占有提供了机会，贫富差距出现了。

富人需要更多的劳动力从事生产，穷人却为了生存而被逼迫成为奴隶。由此，奴隶制社会诞生了。为了维护自己已经得到的利益，奴隶主组建了由军队、警察、法庭等组成的特殊机器——国家。同时，他们还需要一整套新的社会规范，以便更好地管理国家。法律，应运而生。说到这里，聪明的你一定明白了“法律不是从来就有的”这个道理。法律，是社会发展到一定历史阶段才出现的，它是历史的产物，是伴随着国家的产生而产生的。

就像我的理想会随着我的一次次进步而不断变化那样，随着时代的进步和需要，法律也在不停地改变，朝着越来越健全、越来越公正的方向发展。现代社会的法律，既要维护国家稳定，也要捍卫人民群众的权利，和奴隶制社会的法律是不能一概而论的。

魔法小贴士

法律不是从来就有的，它是社会发展到一定历史阶段才出现的，它是历史的产物，是伴随着国家的产生而产生的。

3.“领头羊”的智慧

班里要举行一次体育竞技活动，上进心很强的我们，一定会对活动的规则感兴趣。毕竟，取胜是每个人的心愿。

以前的规则、外班的规则可以借鉴吗？会增加新的规则吗？如果增加的话，会不会采纳大家的意见？规则会不会考虑到某位同学的特殊情况……按捺不住内心的激动，同学们开始各抒己见。我想增加一条“女生优先”的规则，你想增

加一条“男生加分”的规则，他想增加一条“年龄小加分”的规则……

请静一静，大家的意见听起来都有点儿道理，但你一言、我一语，到底以谁的规则为准呢？要不，将这些规则轮流实施一遍？或者用猜拳的方式来确定究竟采纳谁的建议……这样子的话，得到什么时候才能将规则制定出来？关键时刻，班长、学习委员，或者是负责班级活动的活动委员，就该出场了。他们收集、整理大家的意见和建议，整合出一套切实可行的规则，活动顺利举行，所有的问题迎刃而解。

之所以班长、学习委员，或者是活动委员能解决问题，关键在于他们起了“领头羊”的作用。“领头羊”由老师委派，有能力、能服众，可以让规则得以落实。有的人打心眼儿里不希望有“领头羊”，却希望全世界都听他的安排——如果大家都这样想，世界岂不乱了套？

我曾经看过一场接力赛，队员是一群老虎和一群羊。你猜，谁取胜？老虎们吗？不！羊们吗？答对了！莫非老虎们在赛场上打瞌睡，莫非老虎们没去赛场……问题的关键在于，老虎们为谁第一个跑的问题争执不休，以至于让羊们在领头羊的指挥下轻松获胜。

如果将班级比喻成一个国家，“领头羊”就好比国家所委派的一个特定机关。这个机关制定的规则，就是法律。所不同的是，班级“领头羊”制定的规则只适合在班级内使用，国家机关制定的法律则适用于整个国家。所以，法律是由国家制定和认可的。

国家制定法律，是指由一定的国家机关，按照一定的程序，制定出新的、过去没有过的规范。国家认可法律，是指国家通过一定的形式，赋予某些原来就已经存在的社会规范以法律效力，使之成为国家的法律。

换一种思路，如果班级“领头羊”制定的体育竞技规则不适合班级，不利于比赛，那么同学们不会赞同，活动也不能顺利开展。“领头羊”在制定规则的时候，也要兼顾同学们的利益，以便让规则顺利实施。这与现代社会法律的公平性有几分相似。譬如，我国人民以法律的形式把自己的意志上升为国家意志，按照大家共同的意志来管理和建设国家，所以我国的法律是在中国共产党的领导下，经过民主的立法程序制定的。我国的法律，是民主而又公平的。

魔法小贴士

法律是由国家制定或者认可的。国家制定法律，是指由一定的国家机关，按照一定的程序，制定出新的、过去没有过的规范。某些原来就已经存在的社会规范，被国家通过一定的形式赋予法律效力，也可被认可为法律。

4. 强大的后盾

雨过天晴，空气清新，去篮球场练习投篮是一个不错的选择。当我们抱着篮球去篮球场的时候，却发现班里的大个儿同学早已在篮球架下投得正欢。我们想一起玩，却被大个儿同学以“谁先占领篮球场，篮球场就归谁”为由拒绝了。

篮球场明明是大家共有的，怎么可以被大个儿同学一个人占领？可是大个儿同学人高马大，一看就不好惹。此刻，一种被欺负的感觉油然而生。追根溯源，为自己寻找能堂堂正正进驻篮球场的理由吧！细细一想，学校可没有“谁先占领篮球场谁就可以霸占篮球场”这条规定，有的多是“团结协作、合作分享”等利于同学们共同进步的倡导。

“篮球场是大家的，我们也要分享。”想到这儿，我们有了理直气壮要求大个儿同学执行学校的倡导、将篮球场分享给我们一起玩的勇气。但是，大个儿同学不一定会搭理我们。无奈之下，不如找个好朋友替我们讨回公道。好朋友一定会站在我们这边，最起码不会偏袒大个儿同学。

如果好朋友是一个懦弱的人，他除了能站在篮球场外碎碎念、对大个儿同学讲一通大道理，并不能真正解决问题。说不定，他还会被大个儿同学质问凭什么碎碎念。

直接找个强大的好朋友，请他到篮球场外一站，说不定大个儿同学还会惧怕三分。不过，很多时候这招不一定就能唬住他。因为他也可以“依样画葫芦”，找几个强大的帮手。在不能“势均力敌”的情况下，我们一定会伺机再找来一些帮手。找呀找，找了很多人都不能解决问题，说不定还会打起来。倘若真的打起来，只会将事情变得复杂，问题更加无法解决。

要是找到能一锤定音的后盾就好了。如果这个后盾很弱小，大个儿同学不一定听他的话。换一个强大一点儿的后盾，大个儿同学或许会惧怕三分，但倘若这个强大的后盾说起话来吊儿郎当，大个儿同学也不会将他的话当一回事。严肃一点儿，大个儿同学或许还会停下来听听。听听，并不一定照做。但如果这个强大的后盾，一本正经地说完自己的决定之后，还强制性地监督大个儿同学执行自己的决定，他的话就会变得有效起来。

具备“强大、严厉、有效”这三点的强大后盾，自然是当初发出倡导的人，也就是学校的老师。老师出马，在了解事情的来龙去脉之后，能站在公正的立场上解决问题。老师

7

的决定具有绝对权威，而且能让同学们接受。

我们在篮球场上的冷遇，相对于社会生活中的事而言，就是鸡毛蒜皮的小事。学校为了更好地管理学生，制定了一系列的规定和一些言行方面的倡导，制定者是监督同学们遵守和执行这些条条款款的强大后盾。

同样，社会生活中也有很多条条款款。其中，法律是最强有力的社会规范。它是由国家制定的，军队、警察、法庭等强大的国家力量就是其坚强的后盾。并且，法律是由国家的强制力保证实施的。正如学校的老师一样，这种强制力必须是强大、严厉、有效的。

没有国家的强制力作后盾，法律就难以在现实生活中发挥作用。也可以说，没有国家强制力的保证，就无所谓法律。

魔法小贴士

法律是由国家的强制力保证实施的，是以强大的国家力量作后盾的。国家制定了法律，就要用强制力来保证它的贯彻执行，这种强制力必须是强大、严厉、有效的。

5. 大家都要遵守

上课不迟到、不早退，认真听讲，积极回答问题。课堂上不睡觉、不吃零食、不交头接耳、不做各种小动作……这些条条款款的课堂纪律我们不但要时刻铭记在心，而且要严格遵守。如若不小心犯了某一条，情况可不太妙。

小时候，我就曾经因为贪玩，有了“不太妙”的遭遇。那是一个阳光明媚的日子，魔法老师正在教授魔法理论课。要知道理论课可不像实践课那样生动有趣，我听着听着就走神了。恰好，一只花蝴蝶从教室外面飞过。我觉得好玩，趁魔法老师不留神，追着花蝴蝶玩去了。显然，我的行为已经违反了魔法老师制定的课堂纪律，当魔法老师大声将我喝止时，我就感觉到了不太妙。

“根据课堂纪律第九百九十九条规定，你将被——”魔法老师的话音未落，我就已经猜到她接下来要说的话是“你将被变成一只木瓜”。木瓜酸酸甜甜，要是真被变成木瓜，还不得被人笑掉大牙，运气不好还会被吃掉。作为魔法狮的我，真不情愿被变成一只木瓜——最起码，也得变成两只木

瓜才不失体面呀。当然这不是重点，重点在于：这样子的话，即便被吃掉一只木瓜，还有另一只木瓜呀。

虽然我有一千个不愿意，魔法老师还是说出了那句“你将被变成一只木瓜”的话。妈妈和魔法老师是好朋友，请她向魔法老师说说情，也许我就不会被变成一只木瓜？或者，爸爸来说说情也可以……我眯上眼睛，开始了无穷无尽的幻想。

“我将对所有违反课堂纪律的同学一视同仁，谁来说情都不行。”后来，魔法老师真的将我变成了一只木瓜。根据课堂纪律第一千条的相关规定，几天后，我才被变回来。

魔法老师制定的课堂纪律是用来规范魔法学生的，对所有学生都有约束力。法律是由国家制定的，对全国人民都有约束力，是具有普遍效力的社会规范。

自古以来，王子犯法与庶民同罪。法律一旦制定，其效力范围内的所有人、机关、团体都应当普遍地、平等地遵守，不允许有任何例外，也不存在任何特权。所以，大家都要守法。

说到这里，我不由暗暗想，要是将上课开小差的孩子，都变成一只木瓜，世界上会不会有很多只木瓜呢？从此之后我是不是可以拿着魔法老师制定的魔法课堂纪律，管管那些上课开小差的孩子，甚至管管那些开小差的大人……那样的话，我会不会很威风？

为此，我郑重其事地试过一次，结果行不通。原因很简单，魔法老师制定的那些与课堂纪律有关的条款，只对魔法学校的学生管用，其他人都不归魔法老师管。所以，我们也不要异想天开，拿着自己制定的规则去约束别人。

魔法小贴士

法律是具有普遍效力的社会规范，一旦制定，其效力范围内的所有人、机关、团体都应当普遍地、平等地遵守，不允许有任何例外，也不存在任何特权。

6. 权利和义务

同学之间相处，难免磕磕碰碰。纠纷发生之后，我们往往不知道自己可以做什么、要求别人做或不做什么，更茫然于我们必须去做什么或不能做什么。前者，是我们的权利，后者，则是我们的义务。这时候，班规、校规中那些与纠纷相关的条款，就成了解决问题的依据，对解决问题具有指导性的作用。所以，实用、有效的班规、校规，多是规定我们的权利和义务的行为规范。

法律由国家制定，是规定人们权利和义务的行为规范，其主要内容也应该是权利和义务。权利是一种权能，义务是一种责任。法律上的权利和义务，不是凭空存在，而是依法享有、有理有据的。“理”和“据”，其实就是诸如《宪法》《民法典》《未成年人保护法》那样的一部部法律。

既然法律已经赋予我们可以做什么、要求别人做或不做什么的权利，我们是不是就可以为所欲为了呢？曾经，我就是这样以为的。

以前，我有一个很贪财的邻居，成天好逸恶劳，却总想着发横财。一天，这个邻居突然收到一位远房亲戚的来信。拆开信封，他惊喜地发现里面竟然是一份遗产赠与书。那位远房亲戚没有其他的亲人，在遗产赠与书中写明自己去世后将所有的财产赠与这个邻居。这个邻居高兴得手舞足蹈，心想自己发大财了。

一个月后，远房亲戚去世，这个邻居顺利继承了他的遗产，还没来得及高兴，就收到了好几个债主的催款通知。原来，这位远房亲戚生前曾经欠下巨额债务。

“我只继承遗产，债务不归我管。”这个邻居不管不顾，只想着自己的发财梦却不想还债，陷入了一场债务纠纷。最终，他被法院判定既然继承了遗产，就要继承债务。换言之，他如果享有了继承财产的权利，就必须尽到还债的义务。

说到这里，我们一定也明白了“法律上的权利和义务是统一的、密不可分的”这个道理。法律在规定了我们有权做什么的同时，也说明白了我们必须尽到什么样的义务。邻居继承远房亲戚遗产这件事，碰巧让他成了用权利为义务“埋单”的义务履行者。

去商场购物，我们有购买合格商品的权利，商家有提供合格商品的义务；适龄儿童、少年有接受国家提供的义务教育的权利，反过来，适龄儿童、少年的父母或者其他法定监

护人就有了应当依法保证适龄儿童、少年按时入学接受并完成义务教育的义务……

所以在很大程度上而言，权利享有者享有一项权利，相关者就负有一项义务；义务承担者负有一项义务，相关者就享有一项权利。要不然，谁来替享受权利者“埋单”呢？

魔法小贴士

法律是规定人们权利和义务的行为规范，其主要内容是权利和义务。权利是一种权能，义务是一种责任。权利表示我们可以做什么、要求别人做或不做什么，义务则告诉我们必须去做什么或不能做什么。权利和义务是统一的、密不可分的。一般来说，权利享有者享有一项权利，相关者就负有一项义务；义务承担者负有一项义务，相关者就享有一项权利。

第二篇
穿越时空去看你

1. 考试作弊不可取

上学的你可以参加丰富多彩的体育活动、文娱活动，学习广博的文化知识，当然也要参加各种各样的考试。作为著名魔法狮的我，当然也有考不完的试。

考试这种小事，可难不倒我。为了保证自己能拿高分，我刻苦学习，从不懈怠。但是，无论多努力，面对考试我还是会有压力的。

考、考、考，怎么越说越紧张，真想穿越到未来去看看

那时候还有没有这么多的考试。

穿越这种小事，当然更难不倒我。请你眯上眼睛，在心里默念三遍“穿越”二字，就会心想事成。

看，我们真的穿越成功了。不好，可能念咒语的时候身体没坐直，以至于穿越的时空出现了偏差，我们竟然到了唐朝。既来之则安之，到处逛逛也不错。不巧的是，我们穿越到了唐朝的考场外。那时候考试还真严格，考生进考场前要被解开头发、扒下衣服搜身，想要夹带都不行。进考场不但得拿上准考证，还得有人担保证明自己就是准考证上的人……

考吧，考吧，我们可不想看你们考试。我们要到未来去看看。让我们眯上眼睛，在心里默念三遍“穿越”二字，就会心想事成——不好，又忘记将身子坐直了。很明显，我们仍然没有穿越到未来。这次，我们穿越到了明代。

秋风瑟瑟的日子，一群官差将两名囚犯押解到荒凉的边疆。

“官差老爷，求求你们将我们带回家吧。”两名囚犯跪地求情。

“你们一个将与考题有关的东西带进考场，一个在考场跟人换卷，发配边疆开垦荒地是罪有应得。”官差们甩手离去。

怎么又与考试有关？我们可是说好了要去未来的呀。让我们眯上眼睛，在心里默念三遍“穿越”二字，就会心想事成——这次，我们一定得将身体坐直了。遗憾的是，我们仍然没有到达未来，而是来到了清朝雍正年间，还看到了一件令人警醒的事：一个考官因为家人收受别人贿赂，被处以死刑。

“清朝对考试作弊的人，处罚很严厉。据说雍正的爷爷顺治当皇帝的时候处罚了一大批人。那是顺治十四年，江南举行乡试，两个考官收受贿赂、营私舞弊，惊动了顺治皇帝，考官和行贿的考生全部被处死。其余被录取的考生一律重考，没考好则视为上次作弊，重打四十大板，家人也被发配边疆。”我向你解释道。这下子，你和其他围观的人全被震慑住了。

坐直与不坐直都不能穿越到未来，为什么总是穿越到考场？为什么看到的事都与作弊有关……种种迹象表明，我的法力还不太够，还得继续钻研魔法理论。至于你，听说现在考试作弊还会触犯法律，受到严惩……现代，在法律规定的国家考试中替考或是向他人非法出售或者提供考试的试题、答案的行为，都构成刑事犯罪。所以，唯有刻苦学习，端正态度，好好参加考试才是正途。

魔法小贴士

在历朝历代，考试作弊都是被禁止的。在现代，在法律规定的国家考试中替考或是向他人非法出售或者提供考试的试题、答案的行为，都构成刑事犯罪。

2. 不诽谤的“诽谤木”

有的人为了发泄心中的怨恨，毫无根据地说别人的坏话，败坏别人的名誉，对别人进行诽谤。如果情节严重的话，会构成诽谤罪。这种害人害己的事，我们大多数人都不会干。但如果在显眼的地方立一块诽谤木，我们是不是就可以在上面诽谤别人了呢？

走过天安门广场，我们就会发现天安门前后各有一对汉白玉的柱子，那叫华表。华表在古时候的称呼就是“诽谤木”。它与天安门同建于明永乐年间，高 9.57 米，直径为 98 厘米，重约 20000 公斤，已有五六百年的历史了。我仔细一看，并没有谁在上面写东西诽谤别人。

在诽谤木上诽谤人的事儿，也许发生在古代？让我们眯上眼睛，默念三声“穿越”，去想去的时代一看究竟吧。也许是我们坐得太直了，竟然穿越到了尧舜的时代。尧的宫殿前也有一根柱子。柱子立在宫殿前，如果在上面写东西诽谤别人，很容易被抓住。你敢写吗？肯定不敢去冒险。

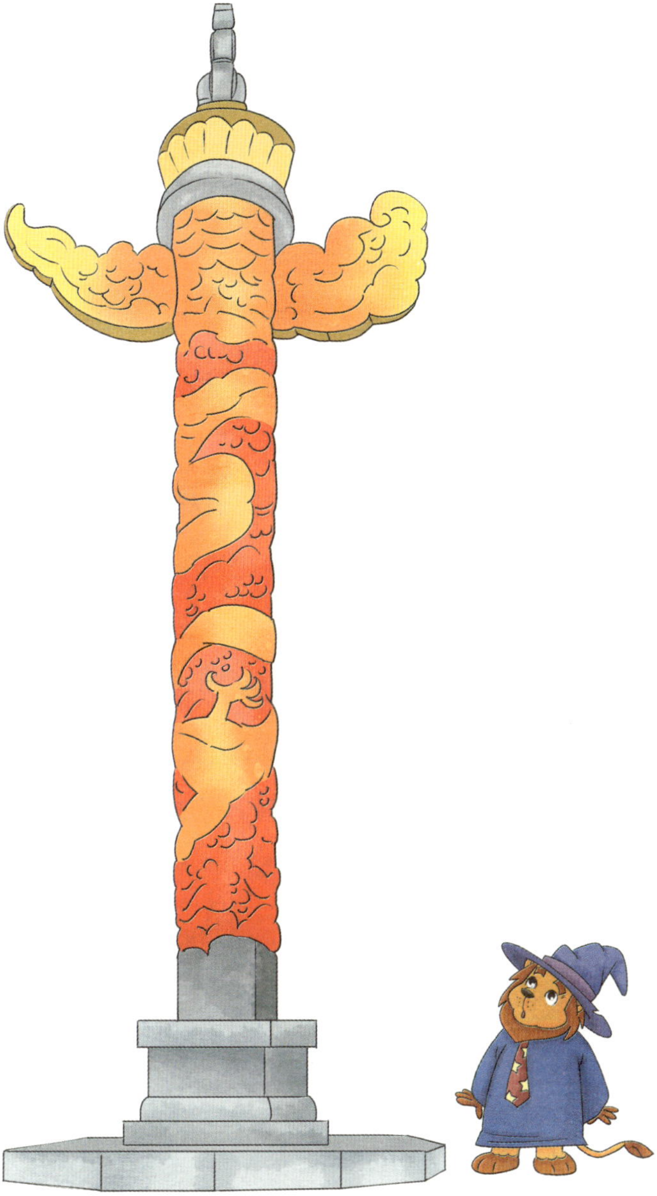

不过，我敢！我会大张旗鼓地在柱子上面写下一些东西，然后敲击出声，吸引宫殿里的尧出来看。别担心我会被抓起来，因为我写在诽谤木上的东西并没有诽谤任何人，而是实事求是地给尧提的意见和建议，尧是个开明的人，他会很虚心地听取我的意见，以便改进政务。

看到这里，你一定知道我又跟你开了一个玩笑。古代的诽谤木，并非你想象中的诽谤木。诽谤，也不是你想象中的诽谤。古时的“诽谤”，有提出批评意见、揭发检举的意思。方才，我写在诽谤木上的，全是检举揭发贪官污吏的实证。

说到底，古代的诽谤木其实就相当于我们现代的“市长信箱”和“总理信箱”。为了更好地了解民情民意，贤明的君主还会在一些交通要道上设立诽谤木。发展到后来，诽谤木才成为宫殿门前的装饰物。“进善旌”“诽谤木”和“敢谏之鼓”，都是古代百姓提出批评和建议的途径。

古代的信息科技没有现代发达，交通不便。百姓发声的渠道也很局限。随着时代的发展，“进善旌”“诽谤木”和“敢谏之鼓”都成了历史。

现代社会，我国《宪法》赋予每个公民对国家机关及其工作人员提出批评、建议、申诉、控告和检举的权利，这意味着现代社会的人们也有批评建议权。

那么，在现代社会，我们又将自己的建议写在哪儿，通过哪些渠道去发声呢？

让我们眯上眼睛，默念三声“穿越”，回到现代社会来看一看吧。现代社会，科技发展日新月异，书信、电子邮件、传真、电话等许多渠道都可以成为人们发声的渠道。

为了收集民声、了解民意，国家设立了“市长信箱”和“总理信箱”。这些信箱主要通过网络密切联系群众、收集群众意见和建议，是群众向政府反映情况，提出意见、建议的一个重要方式。人们想要行使批评建议权的时候，坐在家里写一封信，通过电子邮件，几秒钟就能将自己的想法发送到目的地。

说到这里，你有没有觉得现代社会的信访渠道比古代社会的“进善旌”“诽谤木”和“敢谏之鼓”更加方便、更加快捷呢？

魔法小贴士

“进善旌”“诽谤木”和“敢谏之鼓”都是古代百姓提出批评和建议的途径。“市长信箱”和“总理信箱”则是现代社会借助互联网技术进行的创新，是群众向政府反映情况，提出意见、建议的一个重要方式。

3. 不好当的“刀笔先生”

邻家大叔成了大律师，在一家律师事务所工作，收入不菲。工作之余，他乘飞机、坐轮船、出国旅游，吃大餐、买自己喜欢的东西，看着就让人羡慕。要是能当上大律师，这辈子岂不就衣食无忧了。在这竞争激烈的年代，邻家大叔的幸运并不会降临到所有律师的身上，想当上大律师更是难上加难。

看过香港喜剧电影《算死草》和《审死官》的“吃瓜群众”，都知道陈梦吉和宋世杰这两个“律师”角色。电影里，他们伶牙俐齿，在公堂之上唇枪舌剑，甚至敢指着腐败官员的鼻子与他对骂，为好人伸张正义。要能穿越到古代去当一名律师，岂不美哉？

不得不说，在伸张正义这方面，你我总是不谋而合。让我们眯上眼睛，在心里默念三遍“穿越”二字，去古代看看。可能是魔法理论学到了家，我们正好穿越到了电影中陈梦吉和宋世杰生活的清朝。

奇怪的是，我们找遍了大街小巷，连一家律师事务所也

没有发现。没有平台，怎么成为伸张正义的大律师？对不起，刚才走得急，忘记告诉你了，实际上，古代没有律师这个职业，更没有律师事务所。

古代的律师叫“刀笔先生”或“刀笔讼师”。为什么会这样叫呢？又轮到我来当一回老师了。造纸术是我国四大发明之一，在没有纸之前，文章是用刀刻在竹简上的，刀就像我们现在的笔一样。在古代，需要写下来的大多是政府的公文，引申开来，刀笔也泛指文章，写这类文章的人，自然就成了“刀笔先生”。清朝时期，人们用“刀笔先生”来泛指以撰写公文、诉状为业的师爷、讼师等。

照此说来，古代的律师事务所应该叫作“刀笔事务所”。遗憾的是，找遍大街小巷仍然没有“刀笔事务所”。稍微了解一下，我们就会知道古代公堂也不像现代法庭这样人性化。

那时候，诉讼当事人必须亲自出庭，倘若当事人是官员或者年老、残疾、重病的人，可以由家人代理，其他任何人均不得代理。从这里可以看出，古代的“刀笔先生”除帮着当事人写写诉状外，根本不能参与诉讼，更别说像陈梦吉和宋世杰那样威风八面地与腐败官员对抗了。

非但如此，有人还以“世上若无此等人，官府衙门不用设”的言论来评价“刀笔先生”。“刀笔先生”受到主流文化和法律的排斥，俨然成了挑起纷争的万恶之源。

“刀笔先生”满腹经纶却地位低下，生活窘迫，真不好当。闲暇时，为什么不著书立说，教别人打官司，赚点儿外快？还是别有这样的想法了，因为古代禁止“教唆词讼”。“刀笔先生”只能替别人写诉状，但不能歪曲或夸大事实，篡改当事人的诉讼请求，否则轻则打屁股，重则判处有期徒刑若干年；也不能写书教别人打官司，否则一旦被抓，不是判刑，就是充军流放。

说到这里，你是不是特别想念现代社会，想立马逃离古代回到现代？实话告诉你，我也有和你一样的想法——最起码，现代的就业面比古代广很多，即便当不成大律师，当个小律师也不错。最主要的是，古代没有飞机、网络，即便有了钱也不能乘飞机周游世界呀！

魔法小贴士

在古代，律师被称为“刀笔先生”或“刀笔讼师”。诉讼当事人必须亲自出庭，倘若当事人是官员或者年老、残疾、重病的人，可以由家人代理，其他任何人均不得代理。

4. 并不靠谱的“滴血认亲”

在古装影视剧里，我们偶尔会看到“滴血认亲”的场景。剧中人物为了验证人与人之间是否存在亲子关系，将他们的一滴或数滴新鲜血液混在一起，通常是在一碗清水里，根据混合后的两个来源的血液的融合反应情况来判断二人是否为直系亲属关系。如果混合后的血液自由相融，没有发生沉淀现象，可判断二人是直系亲属关系；反之，如果发生凝集沉淀现象，就可判断二人没有直系亲属关系。

剧情中，往往被测试者的血液都能融合在一起，因而被认定为具有血缘关系。其实，古代这种“滴血认亲”的验证方式并不靠谱。我们不妨来做一个实验。

第一个实验，你找一个碗，在里面装入清水。然后请医生用专用的仪器分别从你和爸爸的手指取一滴血，将血液滴入清水中。这时，你会发现两滴血散成不规则的形状，随着时间的推移，淡红色的晕染逐渐加大。此刻，如果我们端起碗来轻轻摇晃，会发现两滴血液正在慢慢散开。慢慢地，碗中的水也被染成了淡红色。

实验做到这儿，你可能觉得古人的“滴血认亲”有点儿道理。嘿嘿，你之所以这样认为，是因为你还没做第二个实验。现在，请再拿一个碗，在里面装入清水。请医生用专用的仪器分别从你和一个没有血缘关系的人的手指取一滴血，将血液滴入清水中。这时，你会发现滴入碗中的血滴除形状与刚才的实验不一样外，血液的状态几乎一模一样：先“各自为政”，然后慢慢扩散，将碗中的水染成淡红色——电视中“无血缘关系的血液不相融，凝结成固态的小颗粒沉在碗底”的情景完全没见着。

这两个实验说明，血液在水中是否相融合，与亲子关系根本扯不上边儿。事实是，血液中含有很多成分，但其中很大的比例是水。所以血液滴入水中，很快就会散开，根本没有血液融不融合的说法。从常识来看，无论加什么血，在水中都可以融合在一起。

根据史书考证，“滴血认亲”大概于三国时代兴起并流行，一直被奉为圭臬，没有人怀疑。

到了宋代，法医著作《洗冤集录》里记载了另外一种古老的“滴血认亲”的亲子鉴定办法——滴骨法。滴骨法是指将活人的血滴在死人的骨头上，看血液是否渗入，如能渗入则表示有父母子女兄弟等血缘关系。

其实，这招也不靠谱，因为骨骼无论保存在露天环境还是埋藏在泥土里，经过较长时间，软组织都会腐败并完全溶解消失，毛发、指（趾）甲脱落，最后仅剩下白骨化骨骼。白骨化了的骨骼，表层常腐蚀发酥，滴注任何人的血液都会浸入。而如果骨骼未干枯，结构完整，表面还存有软组织，那么滴注任何人的血液都不会发生浸入的现象。

古人因为没有这么先进的技术，所以只能编造一套认亲的方法，这样才有了“滴血认亲”的说法。随着科技的发展，现代人真正用上了DNA亲子鉴定，而且具有法律资质的鉴定机构作出的亲子鉴定结果具有法律效力。

魔法小贴士

古代“滴血认亲”的方法分为两种：一种叫合血法，另一种叫滴骨法。这两种方法都不科学。在现代，亲子鉴定准确率最高的是DNA分型检测法，而且具有法律资质的鉴定机构作出的亲子鉴定结果具有法律效力。

5. 房屋的“优先购买权”

房屋是遮风挡雨的地方，也是生活最基本的保障。有房，生活就有了归属，有了依托，也有了安全感。在房价飞涨的今天，很多人只能望“房”兴叹。如果可以的话，倒不如穿越到古代去看看行情。

想必，你也有同样的想法。让我们眯上眼睛，默念三遍“穿越”……时间、地点刚刚好，我们来到了一座古老的城市。那里古朴典雅，满眼都是亭台楼阁、绿瓦红墙。看着如此宜居的宝地，不用说，你我都有了买房的打算。

谁家要卖房，有没有新开的楼盘，哪里的房价更便宜……要是能找到一家可信的房屋中介公司，这一系列的问题就有了答案。很遗憾，我们找了很久也没找到一家房屋中介公司。古代可不像我们现在这样有中介公司，都怪我们买房的心情太激动，连这茬儿都忘记了。

不过，中介这工作还是有人干的。平时，这些人注意收集买房、卖房者的信息，并寻找合适的人撮合他们达成买卖意向。运气不错，中介主动联系上我们，还给我们提供了几

处环境优美的备选房子。

房子不错，但价格太贵，我们只能另选一处经济实惠一点儿的房子。左挑右选，终于有了目标。房子地势不错，价格适中，最主要的是还可以分期付款。等买卖双方谈妥之后，接下来开始谈合同。

你没听错，古代买卖房屋也有合同一说。从宋代开始，房地产买卖契约就由官方统一印刷了，当时称为“官颁契纸”，后来更名为“契本”，上面有甲方乙方、标的、订立合同的来龙去脉、价款等内容。不使用官方的合同范本，房地产交易是不具备法律效力的。

为了保护自己的合法权益，不至于吃亏上当，我们必须和卖家坐下来仔细商讨合同中的条款。买卖房屋涉及纳税，现在一般由买方承担，古代是可以商量的，所以不妨好好谈谈纳税的问题。

如果一不小心遇到狡猾的卖家，对纳税问题避而不谈，而且你又不知道古代买卖房屋还需要纳税，那么等待你的将是巨额的罚款。如果你想钻空子，想私底下悄悄购买房屋不纳税也不行，因为官方也有专门治理房屋偷逃税的官员。古代官方的房地产评估师称为“官牙”。官牙还是房产过户登记的代理人、监督买卖双方纳税的税务监察员。你的一举一动，都逃不过他的“法眼金睛”。

倒腾了半天，买房的事儿也该成了吧。殊不知，很多时候半路还会杀出一个程咬金。

“这座房屋我具有优先购买权。”这个“程咬金”，就是卖家的亲属和四邻。

“我们只听说房产的共有人、租赁人在同等条件下可以优先购买出售的房产，可没听说这房子还与主人的亲戚有关……我们已经谈好价格，合同也快签了。你别捣乱！”虽然我们据理力争，但无济于事。因为古代的法律规定，对于待售房产享有优先购买权的人是卖家的亲属和四周的邻居。

好好的一场房屋买卖，就这样泡汤了。不过没关系，反正我们穿越的时候走得太急，也没带上足够多的钱买房子。最主要的是，如果我们真的将房子买在古代，生活就会发生翻天覆地的变化。对此，我还没准备好。你呢？

魔法小贴士

在古代，对于待售房产享有优先购买权的人是亲属和四周的邻居。

在古代，官方的房地产评估师称为“官牙”。官牙还是房产过户登记的代理人、监督买卖双方纳税的税务监察员。

6. 民以食为天

腐败变质的食物丢掉太可惜，自己又不想吃。民以食为天，浪费食物可耻。如果能将这些食物“乔装改扮”，卖给别人，既可以赚钱，又没有浪费粮食，岂不一举两得？这个想法，恐怕也只有一些不良商家才能想得出来，我是坚决反对的。

事实证明，我的反对有效。因为现代《食品安全法》第一个不允许他们这样做。恰巧，一部反映古代粮食匮乏的电影上映了，电影中的古人因为科技不发达，粮食匮乏，啃树皮、吃草根，日子过得万分艰难……

“古代粮食资源匮乏，或许能用上那些腐败的食物。”有这个想法的人，多半已经财迷心窍。在此，我奉劝他们一句，别想到古代发这样的横财。

不好，还有人执迷不悟。现在，让我们一起默念三遍“穿越”二字，去古代看看他们的下场。

第一拨人去了汉代，他们来到菜市场，将腐败变质的肉撒上香料，低价兜售。生意看起来还不错。不一会儿，一队官差走了过来。官差检查、没收了变质肉。

“我们可是良心卖家，不赚钱。”卖腐肉的人试图求情，但无济于事。

“依据我们的食品安全监管法规，也就是《二年律令》的规定，肉类腐败，吃了有中毒危险的，必须焚烧，否则的话，事主和负责官员要接受处罚。”官差将没收来的腐肉上交，上级官员对腐肉进行了焚烧处理。

第二拨人来到了大唐盛世。集市上，人声鼎沸，好不热闹。这拨人刚要拿出腐败变质的食品进行售卖，就见一队官差威风凛凛地走来，他们抓走了一家肉铺的老板。一问，才知道这家肉铺老板前些天售卖腐败的肉食，导致一家人食物中毒去世了。

人命关天，这家肉铺老板必将受到严惩。

“他会赔光家产吗？”第二拨人见状，再也不敢出售带来的腐败食物。

对此，我不得不充当一回他们的普法顾问，告诉他们依据唐代法律《唐律疏议》的规定，出售腐败变质的食物，导致他人食物中毒或者出现某种疾病的，需要“赎铜与病家”，也就是赔偿受害人的医药费。如果导致购买方死亡，则要处以绞刑，同时把家产的一半充公，剩下的一半赔偿给死者家属。第二拨人彻底放弃了自己的发财梦。

肉

第三拨人穿越到了宋代。这一次，他们直接目睹了肉铺老板被处以绞刑的场面。原来，宋代的《宋刑统》规定，如果卖肉者无意中将变质的肉卖出，导致买肉者食用后中毒，剩下的肉要迅速焚毁，如果不按规定焚毁，则杖九十。如果卖肉者明明知道肉已经变质，还要卖给他人，则流放一年；致他人死亡的，要处以绞刑……这个肉铺老板就是因为售卖变质猪肉致人死亡，才被处以绞刑的。第三拨人也放弃了自己的发财梦。

如果你想去明代“发财”，也不行。因为明代的法律规定，卖注水猪肉或者在粮食中掺沙土的，要杖八十。

说到这里，你就不难明白其实古代对于食品安全的重视一点儿也不低于现代社会。民以食为天，食以安为先。看来，舌尖上的安全也是你和我必须要在意的安全呀。

魔法小贴士

古代对于食品安全的重视一点儿也不低于现代社会。为此，人们还制定了一系列的法律法规，譬如，汉代制定了《二年律令》，规定腐败的肉类必须焚烧，否则的话，事主和负责官员要接受处罚。唐朝和宋朝的食品法规规定，如果卖肉者明明知道肉已经变质，还要卖给他人，致他人死亡的，要处以绞刑。

7. 古代也环保

入冬以来，天空变得灰蒙蒙的。再好的心情，也会一扫而光。但大雾对人的伤害，远不止于此。话说 1952 年冬天，英国伦敦被一场大雾笼罩，一连几天持续不散，到处烟雾缭绕，迷茫一片。尽管街头路灯明亮，但能见度仍然很低，人几乎看不清马路对面的东西。为了在如梦如幻的大雾中正常生活，人们处处小心，但仍有很多人因此丢掉了自己宝贵的生命。

“要命”的不仅是雾，还有它的“共犯”——霾。霾中含有许多化学颗粒。由于它们非常微小，轻飘飘地浮在空气中，所以很容易进入并粘连在我们的呼吸道和肺泡中，引起急性鼻炎、急性支气管炎等疾病。雾和霾同时出现，成为雾霾天气，阻碍人的视线，使驾驶员的视野能见度降低，容易引起交通阻塞，导致交通事故。当时伦敦的雾霾浓度较高，无疑是伦敦交通瘫痪、疾病频发的原因之一。

据我所知，雾霾天气的产生与环境污染有着密不可分的关系，譬如煤炭燃烧会产生大量烟尘，这些烟尘进入大气会使雾霾天气加重，又如机动车尾气是组成雾霾颗粒的最主要成分……种种迹象表明，环境保护自古以来都很重要。

据历史考证，我国古代对环保很重视，而且很早就设立了自然资源管理和环境保护的机构。

据说，舜在位的时候，就曾经任命伯益为自然资源与环保部长，官名叫“虞”。舜安排他管理山林草泽这些自然资源，保护环境，让自然资源不至于枯竭。

穿越到古代，如果想要修房砍树，不被允许，钓鱼，也不被允许。因为早在大禹当政的时候，就颁布了春天封山、夏天禁渔的禁令。

如果你不以为意，想要试一试，那就让我们默念三遍“穿越”二字，一起去古代看看吧。运气非常不好，这次我们穿越到 3000 多年前，而且还是大战降临之前的时刻。话说此刻周文王正在攻打一个叫崇国的诸侯国。既来之则安之，不妨去听听周文王在士兵出征前的豪言壮语。

事实证明，我们想错了。因为这位贤明的君主并没有进行激情澎湃的演说，只郑重其事地规定士兵们在作战的时候不得砍伐树木、填埋水井……这，其实是在以军令状的形式保护资源和环境呀，我们必须为他点赞。不过，就环境保护来说，秦国的皇帝比他更胜一筹，这方面的法律也更加残酷。《管子》中有这样的记载：破坏封山的人，一律处死，没有任何商量的余地；违反禁令，闯入禁区的，迈左脚砍左脚，迈右脚砍右脚。

农村烧荒会产生大量烟尘，这些烟尘进入大气会使雾霾天气加重。南北朝的时候，皇帝规定只能在阴历十一月烧荒，其他时间严格禁止，以免损伤昆虫草本；宋代规定，在阴历二月初一至十月三十日禁止烧荒。

现在，你明白我国古代为什么没有遭遇雾霾之灾了吧。

魔法小贴士

我国古代对环保很重视，为此还制定了一些法律法规。譬如，舜在位的时候曾任命伯益为自然资源与环保部长。大禹当政的时候，颁布了春天封山、夏天禁渔的禁令。南北朝的时候，皇帝规定只能在阴历十一月烧荒，其他时间严格禁止，以免损伤昆虫草木；宋代规定，在阴历二月初一至十月三十日禁止烧荒。

8. 古代的城管

城管执法的时候，难免与小商小贩们发生冲突，一不小心就会被贴上负面新闻的标签。占道经营、摆摊设点的小商小贩们更是巴不得天下都没有城管。

如果没有城管，市井繁华，小商小贩自由自在占道经营，到处摆摊设点，街上是不是会热闹几分？如此繁盛的景象，在北京故宫博物院珍藏的名画《清明上河图》中就能看到。那么，是不是古代真的就没有城管呢？

《清明上河图》是北宋风俗画，北宋时期其实已经有城管了。只不过，那时候的城管不叫“城管”，而叫“街道司”。而且，画中也有城管的影子。

细心的你听到我这么一说，一定会睁大好奇的眼睛仔细观察这幅神奇的图画。奇怪的是，不论你怎么看，也看不到里面有城管这样的角色出现。

请将目光移到虹桥两头，看看有什么发现？仔细一点儿，再仔细一点儿，你会发现虹桥两头立有四根“表木”，桥上两边小商贩开设的摊位，都在“表木”的连线之内，中间留

出通行的过道——其实，这就是宋朝政府为规范经营，专门在街道两旁竖立的“表木”，作为禁止“占道”的红线，红线之内，允许设摊、开店，但不得超出红线。这种工作，就是城管负责的。一段时间之后，大家养成了这样的习惯，城管也就轻松多了。宋代城管在沿街要道旁立“表木”，标记出范围，这与现代街道画线一样，摊位一旦超出就要被制止。

说到这里，你或许以为古代城管的工作很轻松。其实不然，画中虽然看不见城管的身影，但他们的确也没有闲着。默念三声“穿越”二字，我们一起穿越到宋朝去看看他们上哪儿悠闲去了。

其实，古代的城管队员叫法不少，或称“胥”，或称“卒”，还有称“市吏”“监市”等。他们与现代城管的概念和职能并不太一致，古代城管的职权范围相对较广。从史料上看，古代城管除负责环卫、拆违章建筑、禁止占道经营外，还得“防火缉盗”，如现代消防队员、联防队员一样要负责救火、抓小贼；有的还有管理市场物价、维持公平交易和社会治安的义务，兼有现代公安、消防、工商、物价、税务等部门的职能，是真正的“综合执法”，权力也比现代城管大。

所以，古代城管一点儿也没闲着。说到这里，你是不是觉得他们狗拿耗子——多管闲事？像现代社会的工作一样，古代城管工作中的一切行动都要听上级的指挥。所以，他们其实也很辛苦。

不得不说的是，累只是古代城管的一个方面。因为与此同时，古代城管权力大，也很威风。周代时期的城管，在岗时都带着鞭子或兵杖，遇到乱停乱放、占道经营不服从管理的小贩，往往执鞭抽打。

说到这里，你是不是觉得古代城管也不好当？不论是古代，还是现代，我们多一些理解和信任，城市秩序就能被维护得更好。

魔法小贴士

古代也有城管，而且“各显神通”。譬如，周代时期的城管，在岗时都带着鞭子或兵杖，遇到乱停乱放、占道经营不服从管理的小贩，往往执鞭抽打。宋代城管想出了一个法子，在沿街要道旁立“表木”，标记出范围。这与现代街道画线一样，摊位一旦超出就要被制止。

9. 古代的社会保障

让我们眯上眼睛，默念三遍“穿越”二字，到我们想去的时空。什么？你还想去古代？没问题，请坐直身体，我们马上就到。

“阿嚏！”——糟糕，今天我有点儿小感冒，魔法出了点儿问题。还好不严重，但想要立即穿越回现代却不可能了。也许你并不在意什么时候可以回现代去，但我不得不如实相告，我忘记带钱了。

身无分文，而且举目无亲。这可怎么办？

别着急，我们先冷静下来看看究竟到了哪朝哪代。非常幸运，我们到了宋代。绕过一条长街，我们看到了一家养济院。养济院是当时的社会福利机构，专门收留体弱多病的人，以及难民、乞丐。我们先进去吃点儿东西，顺便养养病。

养济院的伙食和医疗条件很不错，几天之后我的病就好了一大半。好奇好动好问的你，怎么能总待在一个地方呢？我最理解你的心情，所以我们带上食物和药，继续穿越。

运气不错，这次我们穿越到了繁华的明代。步行街上人潮涌动，热闹无比。糟糕，从宋代带去的食物、药物很快没有了。别急，明代也有救助机构，而且他们的法律明确规定，对于那些既贫困又没有依靠的弱势群体，地方官应该救济而不救济的，杖六十；克扣救济贫苦户的衣服和粮食，按照监守自盗论处。一穷二白的我们，不妨大大方方地走进救助机构，饱餐一顿再出来。

“阿嚏！”——可能是连日奔波，我的感冒有些严重了。现在，我急需要看医生。可能你会问：你不是一只有魔法的狮子吗？怎么还会被小小的感冒难住？很抱歉，出发的时候我忘记告诉你了，魔法狮感冒之后，魔法会慢慢消失。天哪，我即将变成一只普普通通的狮子，呜呜呜……天哪，要真是那样的话，你就要在古代生活一辈子了。

试想一下，你身无分文，无依无靠，衣食住行怎么办？要是你想上学，没钱交学费怎么办？你生病、没钱交医疗费怎么办？如果病死了，又怎么办……

一连串的问题，想想就觉得心焦。哈哈……开个玩笑，这些都不是问题。因为除了养济院这种综合性的社会福利机构之外，古代还有许多专门的救助机构。无依无靠可以去孤儿院，生病可以去公益诊所，想上学还可以去助学机构，去世了还有公益丧葬机构……假如你有心情找份工作也不错，因为即便失业还可以去互助机构。如果你发奋学习，做了公职人员，还可以享受退休待遇。最关键的是，遇到物价飞涨，还有用来平抑物价的常平仓制度。

最最关键的是，我体内的感冒病毒会在 7 天之后自动消失。所以 7 天之后，我又是一只有魔法的狮子了。到时候，你还想穿越回现代吗？

魔法小贴士

在我国，社会保障制度由来已久。譬如，宋代建立了一种用来收留体弱多病的人，以及难民、乞丐的社会福利机构。明代法律明确规定，对于那些既贫困又没有依靠的弱势群体，地方官应该救济而不救济的，杖六十；克扣救济贫苦户的衣服和粮食，按照监守自盗论处。

除了养济院这种综合性的社会福利机构，古代还有孤儿院、公益诊所、助学机构、公益丧葬机构、失业互助机构等机构。

第三篇

让你来当法学小博士

1. 肖像权不容侵犯

经历漫长的时空穿越之后，我发现你是一个好奇、好问又好学的孩子。而且，你还对法律产生了非常浓厚的兴趣。你的进步出乎我的意料。当然，我知道你会有进步，只是没想到你的进步如此之大。

种种迹象表明，你就是我要寻找的那个可造之材。此刻，我最大的理想又变成了将你也变成法学博士。不过前提条件是：你是小博士，我是大博士——我仍然是你的法学老师！

一言为定，拿出手机自拍为证。不用躲，也不要害羞。不是每个孩子都能和我合影的，最主要的是我不会将我们的合影拿出去炫耀，更不会侵犯你的肖像权。说到肖像权，我可得给你唠叨几句了。

肖像权是公民可以同意或不同意他人使用自己肖像的权利，包括公民有权拥有自己的肖像，拥有对肖像的制作专有权和使用专有权。公民有权禁止他人非法使用自己的肖像，也有权禁止他人损害、玷污自己的肖像。也就是说，你的肖像你做主，任何人都没有权利侵犯。

为了保障肖像权不受侵犯，我国《民法典》作出了一系列规定。其中，第一千零一十八条第一款规定，自然人享有肖像权，有权依法制作、使用、公开或者许可他人使用自己的肖像。第一千零一十九条第一款规定，未经肖像权人同意，不得制作、使用、公开肖像权人的肖像，但是法律另有规定的除外。第九百九十五条规定，人格权受到侵害的，受害人有权依照本法和其他法律的规定请求行为人承担民事责任。

受害人的停止侵害、排除妨碍、消除危险、消除影响、恢复名誉、赔礼道歉请求权，不适用诉讼时效的规定。

譬如，你去照相馆照相，工作人员在没有经过你允许的情况下，将你的照片挂在橱窗里打广告，就侵犯了你的肖像权。这时，你就有权利让他们停止侵犯，将照片撤下来。

又如，有人未经你的同意，将你的美照印刷在商品包装袋、书刊封面或挂历等上面做宣传，也侵犯了你的肖像权。假如别人损毁你的肖像，也属于侵犯肖像权，你也有权要求其停止侵犯并赔礼道歉。

再如，某天你不幸失踪，你的同学拿出你的照片张贴寻人启事……他也——不、不，他并没有侵犯你的肖像权。因为他使用你的肖像是为你的利益和安全考虑。况且，当时你根本不在，他也没办法经过你的同意呀！

我国《民法典》第一千零二十条规定，合理实施下列行为的，可以不经肖像权人同意：（一）为个人学习、艺术欣赏、课堂教学或者科学研究，在必要范围内使用肖像权人已经公开的肖像；（二）为实施新闻报道，不可避免地制作、使用、公开肖像权人的肖像；（三）为依法履行职责，国家机关在必要范围内制作、使用、公开肖像权人的肖像；（四）为展示特定公共环境，不可避免地制作、使用、公开肖像权人的肖像；（五）为维护公共利益或者肖像权人合法权益，制作、使用、公开肖像权人的肖像的其他行为。

说到这里，你一定也明白“如果司法机关为了通缉逃犯而使用他人肖像，也不属于侵犯他人肖像权”这个道理了。

现在，你是不是已经有了小试身手去断案的冲动了呢？

魔法小贴士

公民享有肖像权，未经肖像权人同意，不得制作、使用、公开肖像权人的肖像，但是法律另有规定的除外。譬如，如果司法机关为了通缉逃犯而使用他人肖像，就不属于侵犯他人肖像权。

2. 有权受教育

好奇好问、聪明好学的你可以成为我的学生，我也非常乐意成为你的法学老师，但我不能要求你时时刻刻到我这里来学习。因为你必须到正规的学校接受义务教育，这既是你的权利，也是你的义务。如果你因为上我的魔法课，从学校辍学，我就成了影响你享受受教育权的反面角色。这，我可不干。

我国《教育法》第十九条规定："国家实行九年制义务教育制度。各级人民政府采取各种措施保障适龄儿童、少年就学。适龄儿童、少年的父母或者其他监护人以及有关社会组织和个人有义务使适龄儿童、少年接受并完成规定年限的义务教育。"可以说，在这 9 年内让孩子离开学校，即使在私学机构或家中接受全日制教育，仍是违法行为。作为小学生的你，当然应该坐在宽敞明亮的教室里接受义务教育。

即便如此，我还是诚心诚意地邀请你课后到我这里来。毕竟，课后有点儿业余爱好也能提高你的修养，尤其是法律方面的素养。这样一来，你也能对受教育权有更深刻的了解。

说不定，你还能帮同学、朋友维权呢。

上次，有一个和你年龄相仿的孩子就因此来找过我。她是一个小女孩，非常喜欢读书，但是她的爸爸妈妈觉得女孩子不用读书太多。父母逼着她退学，认为这样一来，既可以省下学费，还可以让她早点儿出去打工赚钱，给弟弟赚学费。

我一听，差点把肺给气炸。怎么还有这样重男轻女的父母？我来到她家。当然，我给自己化了一个妆，让她的父母

没认出我是一只狮子。我给小女孩的父母施展了一道“魔法”之后，他们心甘情愿地让小女孩继续上学了。

魔法？是什么样的魔法具有如此强大的魔力？悄悄告诉你，这道“魔法”就是我国《义务教育法》第四条，它规定凡具有中华人民共和国国籍的适龄儿童、少年，不分性别、民族、种族、家庭财产状况、宗教信仰等，依法享有平等接受义务教育的权利，并履行接受义务教育的义务。

这道“魔法”的魔力在于，它规定每个适龄少年儿童都有接受义务教育的平等权利。对，你没听错，是每个适龄少年儿童。受教育权还是公民的基本权利之一，每个中国公民都享有这种权利。

换言之，不论这个和你年龄相仿的孩子是男生还是女生，都享有接受义务教育的权利。同时，不论她是什么民族，也不论她家里的经济状况如何，都依法具有平等接受义务教育的机会。任何人都无权让她退学。

明白了这个道理，你一定也明白了这道“魔法”的魔力究竟有多强大了。

魔法小贴士

我国《义务教育法》第四条规定，凡具有中华人民共和国国籍的适龄儿童、少年，不分性别、民族、种族、家庭财产状况、宗教信仰等，依法享有平等接受义务教育的权利，并履行接受义务教育的义务。譬如，小白是个女孩子，父母觉得女孩子的文化程度不用太高，只要能写自己的名字就行。因此，父母让她上完小学二年级就辍学在家。那么小白的父母就侵犯了她接受义务教育的权利，理当让她复学。

3. 著作权的那些事

闲着也是闲着，不如来编个故事。谁来编？你愿意来吗？不愿意？那么，我就不客气了。故事编得不错，谁来帮我写下来？你愿意帮忙吗？不愿意？那么，我就更不客气了。自己编故事自己写下来，然后投稿到某刊物。几个月之后，一篇署名为“魔法狮”的小故事发表了。紧接着，我得到了一笔稿酬。

你听到这个消息的时候，肠子都快悔青了。要是当初你来编故事，你来写故事，说不定发表故事的人就是你，署名也是你。而且，你还可以得到一笔稿酬。但这一切都是你的一厢情愿，因为你根本就没有编故事也没有写故事，并不拥有故事的著作权。一切，都是空谈。

一般情况下，谁创作的作品，著作权就归谁，不参与创作就不拥有作品的著作权。为了下一次你不至于“吃亏”，我有必要给你说说著作权的那些事。

著作权，就是作者创作作品之后享有的对作品的使用权利。我国《著作权法》第二条第一款规定，中国公民、法人或者非法人组织的作品，不论是否发表，依照本法享有著作权。换言之，作品创作诞生后，著作权就随之产生了。

如果你拥有了某作品的著作权，就拥有了该作品的发表权、署名权、修改权、保护作品完整权、复制权、发行权、出租权、展览权、表演权、放映权、广播权、信息网络传播权、摄制权、改编权、翻译权、汇编权等权利，以及应当由著作权人享有的其他权利。也就是说，假如你创作了一篇作品或者著书立说的话，可以自己拿去发表、署上自己的大名，还可以对作品进行修改、发行，甚至改编、翻译，向全世界推广。而且没有经过你的允许，谁也不能将你的作品拿走使用。

假如有人不信邪，要来挑战你的底线，没有经过你的允许就擅自使用你的作品。不用怕，我再授予你一道击溃他们的“魔法”——我国《著作权法》第五十二条第一项规定，未经著作权人许可，发表其作品的，应当根据情况，承担停止侵害、消除影响、赔礼道歉、赔偿损失等民事责任。

如果有人变着法儿侵犯你的著作权，譬如，将你的作品抄写一遍拿去投稿发表，再署上他的大名，那么他就属于“剽窃他人作品”，也将承担停止侵害、消除影响、赔礼道歉、

杂志

赔偿损失等民事责任。

看来，著作权还真不赖。可你现在好像还没有这个权利。不过没关系，只要你努力创作，不久之后就会有的。

魔法小贴士

著作权是有期限的保护著作人知识财产的权利。我国《著作权法》第二条第一款规定，中国公民、法人或者非法人组织的作品，不论是否发表，依照本法享有著作权。譬如，小白看见同桌的作文写得很好，便抄在作文本上，并署上自己的名字投稿到一家杂志社。他的这种行为属于剽窃他人作品，侵犯了同桌的著作权，应当立即停止侵害，并依法道歉、赔偿。虽然小白的同桌是未成年人，但他对自己的作文也享有著作权，他的合法权益受法律保护。

4. 别人的隐私不窥探

我有一个小秘密，一个不想让任何人知道的小秘密。因为记性不好，我必须将这个小秘密写下来。什么，你想看看？不行不行，谁也不能看。偷看，更不行。

什么，你也有一个小秘密，一个不想让任何人知道的小秘密。你也要写下来，很好。但是你千万别以为我也想来偷看你的小秘密。要知道，作为一只魔法狮，我是不会犯侵犯别人隐私的低级错误的。当然，你作为魔法狮的得意门生，也不能侵犯别人的隐私。尤其是我的隐私，你更不能侵犯！

隐私是什么东西？凭我多年的教学经验来看，想要给你讲明白这个问题，还得先从字面上来分析。所谓隐，就是隐秘的意思。私，私自，这里相当于自己的意思。隐私连起来，就是自己的且不愿意公开的那些事儿。

换言之，隐私就是私事，是不为他人知悉，与公共利益、群体利益无关，禁止他人干涉的纯个人私事。我国法律为了保护公民的隐私，专门赋予了公民隐私权。

隐私权是自然人享有的对私人生活安宁和不愿为他人知晓的私密空间、私密活动、私密信息进行支配的一种人格权。它是公民不愿公开或让他人知悉个人秘密的权利。有了这个权利，我们就有了自己的个人空间。

我们的日记、个人生活、身体等属于个人私密的东西，都属于隐私，都应当受到法律的保护。对这些秘密，我们有权隐瞒、利用、维护和支配。

譬如，我们对于刚刚记下的小秘密，就有权隐瞒，不告诉任何人；同时，也有权利用它去做一些事，受到侵犯时还可以进行维权。如果你愿意的话，还可以支配你的小秘密。譬如主动向我坦白，让你的秘密成为我们共同的秘密。

假如有一天，我们相隔两地，想要将自己的小秘密说给对方，需要写信、发微信，或者以其他的通信方式告知对方，那么我们的秘密同样会受到保护。

隐私权的事例还有很多。一时半会儿也说不完。总之，我们只要掌握“别人的隐私不窥探，自己的隐私要保护”这条原则，时时刻刻严格要求自己，就不会出岔子了。

魔法小贴士

隐私权是自然人享有的对私人生活安宁和不愿为他人知晓的私密空间、私密活动、私密信息进行支配的一种人格权。譬如，小白经营一家服装店，在试衣间悄悄安装摄像头，他的这种行为就涉嫌侵犯客人的隐私权。

5. 保持身体的完整

爱美是女孩子的天性，但并不是她们的专利。作为一只狮子，而且是有魔法的著名狮子，闲暇时间修剪一下眉毛，涂涂指甲油是再平常不过的事了。如果可以，我还会去美容院做一做美容。谁不想容光焕发、精神抖擞呢？

什么，你要来帮忙？作为我的忠实粉丝，你说出这话我一点儿也不惊奇。此前，已经有好几个像你这样的孩子这样说过。不过，他们都被我拒绝了。毕竟，并不是每个人都可以与我零距离相处的。如果你真的要来帮忙，那就请务必小心翼翼。千万别弄坏了我刚烫好的发型，千万别碰

脏了我刚敷了面膜的脸蛋，更千万别弄坏了我刚修剪好的指甲……

如果你不小心冒犯了我，或者心怀不满偷偷将我的眉毛剃掉，我必定将你告上法庭。不要以为我这是小题大做，因为你侵犯了我的身体权。

身体也有权？这可是千真万确的事。

身体权是指自然人保持其身体组织完整，支配其肢体、器官和其他身体组织并保护自己的身体不受他人非法侵犯的权利。顺便提一句，来到人类世界之前我就申请加入了中国国籍，成了一名堂堂正正的中国公民。所以，你别以我是一只狮子为借口，欺负我没有身体权。

目前，你还是先弄清楚身体究竟有哪些权利比较重要。其中最重要的一点就是，我们要保持身体组织的完整性，禁止他人的不法侵害。譬如，眉毛是面部的重要组织，强行剃除他人眉毛，尽管不会造成肉体痛楚，也不影响健康，但对身体外观所造成的影响，却是十分严重的，因而属于侵害身体权的行为。

此外很重要的一点就是，我们拥有支配自己身体组织，包括肢体、器官、血液等的权利。譬如，你有权决定出于医疗目的将自己身体某些组成部分，如皮肤、肾脏等捐献给他人，也有权决定不捐献给他人。如果其他人违反你的意愿，使用你身体的某些组成部分，就侵犯了你的身体权。这一点，非常好理解。

再者，当我们的身体遭到损害的时候，有赔偿请求权。在这一点上，你可以依据我国《民法典》第一千一百七十九条，“侵害他人造成人身损害的，应当赔偿医疗费、护理费、交通费、营养费、住院伙食补助费等为治疗和康复支出的合理费用，以及因误工减少的收入。造成残疾的，还应当赔偿辅助器具费和残疾赔偿金；造成死亡的，还应当赔偿丧葬费和死亡赔偿金”的规定，请求赔偿。

假如有人故意伤害，且伤害后果严重，甚至造成了死亡，故意伤害的人还将被依据《刑法》第二百三十四条，“故意伤害他人身体的，处三年以下有期徒刑、拘役或者管制。犯前款罪，致人重伤的，处三年以上十年以下有期徒刑；致人死亡或者以特别残忍手段致人重伤造成严重残疾的，处十年以上有期徒刑、无期徒刑或者死刑”的规定，受到法律制裁。

假如别人因过失而非故意伤害他人致人重伤，则依据《刑法》第二百三十五条，“过失伤害他人致人重伤的，处三年以下有期徒刑或者拘役”的规定，进行法律制裁。

说了这么多，是不是将你绕晕了？那么简言之，别人的身体我们不伤害，自己的身体要注意保护。避免伤害、健康生活才是最好的选择。

顺便问一句，你还愿意帮我修剪眉毛吗？

魔法小贴士

身体权是指自然人保持其身体组织完整并支配其肢体、器官和其他身体组织并保护自己的身体不受他人非法侵犯的权利。譬如，小白病危，临终前，他作出了捐赠自己眼角膜的决定。这是他对自己身体支配权的一种体现。又如，某医生在患者不知情的情况下，以做阑尾切除术为由，偷偷摘走其一侧肾脏。该医生侵犯了患者的身体权，造成严重后果，应当受到法律制裁。

6. 自由自在地生活

魔法变、变、变！变一朵小花，变一棵小草，变一座花园，变一片绿地，再变一座宫殿……你来看花看草，在花园漫步，坐在绿地上晒太阳，然后信步走进宫殿……

魔法的力量真是太大了，你也想学一学。看好了，就这样指着一个地方大喊变、变、变……很遗憾，你的功力不够，没有变出花，没有变出草，更没有变出花园、绿地和宫殿。你变出了一个大铁笼，还将自己罩在里面，失去了人身自由。

恐怕，你得在里面待上一段日子了。这，不能怪我，谁叫你学艺不精、功力不够呢？为此，我不得不暗自庆幸一番：还好，不是我将你变进了铁笼，要不然我就成了剥夺你人身自由权的罪魁祸首，摊上了大麻烦。

人身自由，是指公民有独立行为而不受他人干涉，不受非法逮捕、拘禁，不被非法剥夺、限制自由及非法搜查身体的自由。公民既有身体自由，也有精神自由。

此刻，你一定体验到了身体被控制在铁笼里那种失去自由的痛苦——再次声明，那是你自作自受，并不是我将你关

进去的，所以我也不存在非法拘禁、限制你的身体自由的嫌疑。假如当初是我将你变进铁笼的话，那就另当别论了。但你也别异想天开，想把这事和我扯上关系。因为倘若我真的将你变进铁笼，那么我必定也能将你变出来。毕竟，我是著名的魔法狮，没有几把刷子，怎么敢出来行走江湖？

精神自由，是自然人自由支配自己内在思维活动的自由。故意以不当的目的或手段，向被害人预告祸害，使其心生恐怖，所侵害的就是精神自由权。譬如，某天我告诉你我将把你变成一只鸟儿。你害怕变成鸟儿，因此整天为之提心吊胆。那么，我就有了限制你精神自由的嫌疑。

不论是身体还是精神方面的自由，被限制自由的一方都有权维护自己的利益。

依据《宪法》第三十七条，“中华人民共和国公民的人身自由不受侵犯。任何公民，非经人民检察院批准或者决定或者人民法院决定，并由公安机关执行，不受逮捕。禁止非法拘禁和以其他方法非法剥夺或者限制公民的人身自由，禁止非法搜查公民的身体”的规定，你有权维护自己的人身自由。

情节严重的话，加害人还将被依据《刑法》第二百三十八条，“非法拘禁他人或者以其他方法非法剥夺他人人身自由的，处三年以下有期徒刑、拘役、管制或者剥夺政治权利。具有殴打、侮辱情节的，从重处罚。犯前款罪，致人重伤的，处三年以上十年以下有期徒刑；致人死亡的，处十年以上有期徒刑……”的相关规定，受到相应的法律制裁。

失去自由的你，是不是想用我说过的这些法条为自己维权呢？哈哈，想都别想。因为这些条款都不适用于你今天所陷入的困境。为了自由，你还是努力学习魔法，将自己从铁笼里变出来吧！

魔法小贴士

人身自由，是指公民在法律范围内有独立行为而不受他人干涉，不受非法逮捕、拘禁，不被非法剥夺、限制自由及非法搜查身体的自由。公民既有身体自由，也有精神自由。譬如，小白去超市购物。老板怀疑他偷窃，将他关进杂物间。半天后，误会解除，老板放了小白。老板的行为侵犯了小白的人身自由权，小白有权维护自己的权利。

7. 生命诚可贵

有人不幸患上绝症，治愈的希望很渺茫，甚至是毫无希望。即便如此，医院和家属仍然积极治疗。这看似不“理智”的举动，既有亲情、道德的因素，也有法律的制约。前者是因为亲人之间的亲情难以割舍，后者则属于国家的硬性规定。

患者，无论是怎样的患者，只要有心跳，有呼吸，就代表他还活着。活着，就有生命权。如果患者被医院或家属以放弃治疗的方式结束生命，其生命权就被侵害了。医院和家属当然会违法。

生命诚可贵，生命权一旦被剥夺，其他权利就无从谈起。所以，生命权是公民最根本的人身权。保护公民的生命权不受非法侵害，是我国法律的重要任务。

生命权是每个公民都依法享有的生命不受非法侵害的权利。“不受非法侵害”的权利，既包括“生命安全维护权”，也包括“司法保护请求权”。

前者主要是为了维护生命的延续。为了保护生命的安全，我们就得禁止他人非法剥夺生命。当有非法侵害生命的行为或危害生命的危险发生时，我们可以采取积极的方式防止危害发生。譬如，当遇到有人行凶、打劫，导致我们的生命安全受到威胁的时候，我们就可以用自己力所能及的方式进行自我保护。

依据我国《刑法》第二十条第三款，“对正在进行行凶、杀人、抢劫、强奸、绑架以及其他严重危及人身安全的暴力犯罪，采取防卫行为，造成不法侵害人伤亡的，不属于防卫过当，不负刑事责任”的规定，在进行自卫搏斗的过程中，如果伤害到行凶、打劫的人，我们可以不负刑事责任。

又如，当我们遇到紧急情况，必须在财产和生命安全之间二选一时，我们可以毫不犹豫地选择放弃财产安全，维护生命安全。

除上述保护方式外，我们还享有“司法保护请求权”。“司法保护请求权”，是指在自己无法保证安全的情况下可以请求司法机关依法消除生命危险。譬如，当我们成为一宗案件至关紧要的目击证人，生命安全受到威胁不能自我保护时，就可以向相关的司法机关请求保护。

既然生命权很重要，我们是不是就可以仗着生命权胡作非为不负责任了呢？其实不然，因为生命权看似至高无上，却并非绝对优先。

我国《刑法》第二百三十四条第二款规定，致人死亡或者以特别残忍手段致人重伤造成严重残疾的，处十年以上有期徒刑、无期徒刑或者死刑。这意味着一些罪犯的生命权将被依法剥夺。对于被判死刑的罪犯而言，他们必须用自己的生命为自己所犯下的罪行“埋单”。

生命对每个人而言都是平等的。所以我们在珍爱自己生命的同时，也绝不能侵犯他人的生命权。

魔法小贴士

生命权是每个公民都依法享有的生命不受非法侵害的权利。譬如，小白去银行取钱，遭遇歹徒袭击，生命安全受到威胁。此刻，他可以奋起自卫，保护自己的生命安全，在自卫过程中对歹徒造成伤害，可以不负刑事责任。又如，小白收到一封恐吓信，意识到自己的生命安全受到威胁。这时，他可以报警，请求得到保护。

8. 健康地生活

小区附近新建了一家化工厂，大烟囱没日没夜地喷着黑烟，废水污水肆无忌惮地污染着小区的水源。一切的一切，严重影响了小区居民的生活，危害到大家的身体健康。

为此，小区居民联合起来找化工厂的领导理论。可人家却不以为意地说，烟囱没对准小区喷，废水没朝着居民家里流，小区居民管不着。化工厂领导的这种说法，真的有理吗？没有，化工厂不但对环境造成危害，还侵犯了小区居民的身体健康权。就凭这一点，小区居民就可以将化工厂告上法庭。

环境污染你也许听过，但身体健康权却不一定。的确，每个公民都享有身体健康权。健康权，这很好理解，无非就是指身体健康的权利吧？其实不然，健康权并不单指身体健康的权利，更是公民依法享有的身体健康不受非法侵害的权利。

身体健康是公民生存和进行正常民事活动的前提条件，也是公民作为民事主体所应享有的基本权利。所以，对公民生理健康、心理健康的侵害均构成侵害公民的健康权。

譬如，当别人的行为严重影响到你的身体健康、心理健康的时候，你不但可以请求身体健康损害赔偿，还可以依据《民法典》第一千一百八十三条第一款，“侵害自然人人身权益造成严重精神损害的，被侵权人有权请求精神损害赔偿”的规定，请求精神损害赔偿。

在维护我们健康权的时候，我们既有保护自己健康的权利，又有健康利益维护权。就像小区附近新建化工厂的案例中，居民看到化工厂对小区的环境造成危害、给居民的健康带来危害的时候，就有权向相关部门举报投诉，要求化工厂停止侵害，还小区一个舒适安逸的生活环境。小区居民的行为，既保护了自己的健康权利，又是维护自身健康利益的一种体现。

健康权是每个公民都享有且可以支配的一种权利。“享有”很好理解，也很实用，就是每个公民都拥有健康生活的权利，当权利受到不法侵害的时候，有权进行维护。《民法典》第一千零四条规定，自然人享有健康权，并于第一千一百七十九条规定了侵害他人造成人身损害的，应当赔偿医疗费、护理费、交通费、营养费、住院伙食补助费等为治疗和康复支出的合理费用，以及因误工减少的收入。造成残疾的，还应当赔偿辅助器具费和残疾赔偿金；造成死亡的，还应当赔偿丧葬费和死亡赔偿金。

“支配”则有一定的限制。健康权是人身属性的权利，权利人对健康权的支配是有限的。只有在法律允许的范围内，在不损害自己健康的情况下，权利人才得以对自己的健康利益进行支配。

譬如，无偿捐献器官、从事临床实验的权利，就是健康权支配权的内容体现。但是这些权利是受到限制的，如只能进行无偿捐献，而不能就细胞、器官进行买卖；从事人体基因、胚胎等有关医学活动和科研活动必须符合伦理要求。

魔法小贴士

健康权是每个公民都享有且可以支配的一种权利，既包括身体建康，也包括精神健康。《民法典》第一千一百八十三条第一款规定，侵害自然人人身权益造成严重精神损害的，被侵权人有权请求精神损害赔偿。譬如，小白遭到邻居的殴打，身心受到严重伤害。他除了请求身体遭受伤害的赔偿之外，还可以申请精神损失方面的赔偿。同时，邻居还将面临相应的法律制裁。

9. 被“剥夺”的选举权

经过慎重的考虑，我决定给你放一天假。放假，一定要有好的安排。郊游、爬山，还是去游乐园待上一天？不，都不去，我要去参加选举。

什么，你也想去？不行，你可没有选举权。

选举权是指公民依照法律规定享有的参加选举的权利，包括参加提名代表候选人，参加讨论、酝酿、协商代表候选人名单，参加投票选举等权利。这个权利很是高端大气上档次，所以我暂时不能带上你。

你越听，越觉得委屈，甚至还异想天开地寻思着既然不能参加选举，能不能被选举呢？实话告诉你，你也没有被选举权。被选举权，是指公民被选任为国家权力机关的代表或其他公职人员的权利。

既然两种权利都没有，你就好好在家待着吧。此刻，你是不是越想越憋屈？别急，这两种权利你只是暂时没有，到了一定时候，你也可以像我一样，堂堂正正地参加选举，说不定你还可以被选举呢。

投票箱

为什么是“一定时候”？一定时候，究竟是什么时候？根据《宪法》第三十四条的相关规定，享有选举权和被选举权的条件有三：一是中华人民共和国公民；二是年满18周岁；三是没有被剥夺政治权利。换言之，当你年满18周岁，没有因为触犯法律而被剥夺政治权利的话，就可以参加选举了。

从你那么认真学习法律来看，我不担心你会触犯法律。从你的表情我看出，你仍然有些担心。你在想什么？有什么可担心的？是因为民族、种族、性别、职业、家庭出身，还是因为宗教信仰、教育程度、财产状况、居住期限？

这些，都不是问题。看看我国《宪法》第三十四条的具体规定，中华人民共和国年满18周岁的公民，不分民族、种族、性别、职业、家庭出身、宗教信仰、教育程度、财产状况、居住期限，都有选举权和被选举权；但是依照法律被剥夺政治权利的人除外。

现在，你是不是可以放下心来，安心地等待选举权的到来了呢？

在此期间，你并不是绝对没有机会参与选举活动。譬如，班级内的选举，你就有权参加！

魔法小贴士

选举权是指公民依照法律规定享有参加选举的权利，包括参加提名代表候选人，参加讨论、酝酿、协商代表候选人名单，参加投票选举等的权利。我国《宪法》第三十四条规定，中华人民共和国年满18周岁的公民，不分民族、种族、性别、职业、家庭出身、宗教信仰、教育程度、财产状况、居住期限，都有选举权和被选举权；但是依照法律被剥夺政治权利的人除外。譬如，小白是中华人民共和国公民，年满18周岁，但他因犯罪被剥夺政治权利一年，所以在这一年内，他没有选举权和被选举权。

10. 绝不纵容校园欺凌

和同学相处，难免发生矛盾。宽容和理解，可以化解矛盾，盛开友谊之花。即便有的同学不选择宽容和理解，也是小吵小闹，不久之后大家便和好如初。

然而，有一些同学因为一些小矛盾，就对别人恶语相向，大打出手。他们或推撞弱小的弟弟妹妹，或拦路抢夺同学的零花钱，或当众嘲笑、辱骂同学以及给别人取侮辱性绰号，或孤立同学令其身边没有朋友，或在网络上发表对别人不利的言论，曝光别人的隐私，对别人的照片进行恶搞……

碰上这样的同学，真是苦不堪言。运气很不好，偏偏你就碰上了。而且欺负你的同学还联合了其他几个同学一起欺负你。他们或在校园内嘲笑你，或在校园外辱骂你，还威胁你不得将这件事告诉任何人，否则会变本加厉地欺负你。为此，你忍气吞声，不敢声张。但他们越来越肆无忌惮……上学，成了你的烦恼。

以前的乖孩子变得懦弱可欺了，学习不再是你的全部。你要考虑很多事情，唯独没有想过将欺负你的那些人说出来。

因为你害怕他们，发自内心地害怕。

孩子，你现在经历的，其实就是校园欺凌，这是一个很严重的问题。

发生在校园内、学生上学或放学途中、学校的教育活动中，由老师、同学或校外人员，蓄意滥用语言、躯体力量、网络、器械等，针对师生的生理、心理、名誉、权利、财产等实施的达到某种程度的侵害行为，都算作校园欺凌。换言之，校园欺凌不一定在校园内发生，放学后同学间的欺负行为也算在内。

凭我多年的经验，当你意识到威胁来临之际，首先要告诉自己不要害怕。一旦内心笃定，你就会散发出一种强大的威慑力，让别人不敢贸然攻击。举个例子说明这一点。据说某天，小白遇到同校一位大哥哥。大哥哥时常欺负小同学，让大家将零花钱交给他“保管”。小白心想，邪不压正，不要轻易向恶势力低头，便邀请高年级的哥哥姐姐一起正义凛然地从大哥哥身边走过。大哥哥见状，竟然没敢向他索要零花钱。

如果大哥哥不买账，仍然向小白索要零花钱呢？那么，请尽量保持镇静，不要惊慌，有勇有谋地保护自己。必要时，可以在确保自身安全的前提下大声呼喊求救。还可以警告欺凌者，他的所作所为是违法违纪的，会受到法律严厉的制裁。

《未成年人保护法》第三十九条规定，学校应当建立学生欺凌防控工作制度，对教职员工、学生等开展防治学生欺凌的教育和培训……对实施欺凌的未成年学生，学校应当根据欺凌行为的性质和程度，依法加强管教。对严重的欺凌行为，学校不得隐瞒，应当及时向公安机关、教育行政部门报告，并配合相关部门依法处理。

所以，如果受到伤害，一定要及时向老师、警察叔叔申诉报案，不要给不法分子留下“这个小孩好欺负”的印象。因为一味纵容他们，换不来同情，也换不来觉醒，最终只会导致自己频频受害，陷入可怕的梦魇之中。

现在，你对自己的遭遇是不是有了新的打算？

魔法小贴士

校园欺凌，是发生在校园内外，一方蓄意或恶意通过肢体、语言及网络等手段实施欺负、侮辱，造成另一方身体伤害、财产损失或精神损害等的行为。面对校园欺凌，我们要大声说不，并机智应对。譬如，课间活动时，小白被壮壮威胁说放学后将叫上几个同学欺负他。小白不声不响，悄悄将这件事告诉了班主任方老师，请她帮忙处理此事。

11. 父母要离婚

啦啦啦、嘻嘻嘻、哈哈哈……我高兴，我快乐，我要放声歌唱，还要开怀大笑。怎么，你不跟我一起唱，也不跟我一起笑，还将眉头皱到了一块儿。凭我多年的经验，你一定是遇上了什么事儿，而且事儿还不小。

说来听听，没有我魔法狮不能解决的问题。别哭，有话慢慢说。好好，我听明白了，你的父母要离婚。是的，就是要离婚，而且还很坚决，一点儿商量的余地也没有。

为此，你哭过，闹过，但无济于事。他们整天在家吵吵闹闹，弄得好好一个家不得安宁。他们真的相处不下去了。宝贝，请理解他们，不要哭，不要闹。大人们作出这样的决定，一定有他们的苦衷——那是我们小孩子无法理解的。不能理解，也得理解。

此刻，你惊恐万状，仿佛天要塌下来。你担心爸爸妈妈离婚之后，没有一个完整的家，担心你不再是爸爸妈妈的孩子，担心他们不再爱你，既担心他们都不要你，又担心他们都争着要你……

请淡定，一切有我呢！请听我说。其实，你的担心是多余的。因为父母与子女间的关系，不会因父母离婚而消除。离婚后，子女无论由父亲或母亲哪一方直接抚养，都仍是父母双方的子女。所以，你仍然是他们掌心里的宝贝。

如果他们不要你，你作为他们的子女，有要求被抚养的权利，他们无法拒绝你。如果他们都很爱你，为你的抚养权发生争执，你不妨说说自己的意见。因为法院对于年满 8 周岁的未成年子女随父亲或随母亲生活发生争执的情况，会考虑子女的意见。

如果你担心父母不愿意负担你的抚养费、教育费，作为魔法狮的我，是绝对不允许这样的事情发生的。我会竭尽全力拿出“魔法”来帮你——这个“魔法”就是《民法典》。它的第一千零八十四条第一款规定，父母与子女间的关系，不因父母离婚而消除。离婚后，子女无论由父或者母直接抚养，仍是父母双方的子女。同时，第一千零八十五条第一款规定，离婚后，子女由一方直接抚养的，另一方应当负担部分或者全部抚养费。负担费用的多少和期限的长短，由双方协议；协议不成的，由人民法院判决。

有了这两个“魔法”条款，你不必担忧太多。不过，父母对未成年子女的抚养虽是强制义务，但绝大多数情况下是父母自觉自愿履行其义务的结果。所以，只有在逼不得已时，我才会使用“魔法”来帮你。

父母离婚，你心情沉重是可以理解的。不妨找一个地方好好哭一场，然后重新振作起来。需要记住的是，不论和爸爸还是和妈妈一起生活，他们都依旧全心全意地爱你。

魔法小贴士

《民法典》第一千零八十四条第一款规定，父母与子女间的关系，不因父母离婚而消除。同时，第一千零八十五条第一款规定，离婚后，子女由一方直接抚养的，另一方应当负担部分或者全部抚养费。譬如，父母离婚，小白由母亲抚养，但小白仍然是其父亲的子女，父亲应负担他必要的一部分生活费。

12. 珍爱生命，远离毒品

有一天，你突然得知，好朋友染上毒瘾，被送到戒毒所强制戒毒。在大家的印象中，他是一个品学兼优的孩子，你无论如何也不相信他会吸毒。但事实摆在眼前，他真的吸毒了。

毒品一般是指鸦片、海洛因、冰毒、吗啡等会使人形成瘾癖的药物，危害极大。很多人因为吸毒走上犯罪道路。很早以前，老师、家长就叮嘱我们千万不能碰毒品。

怀着复杂的心情，你来到戒毒所，探望那位好朋友。恰巧，你遇见他毒瘾发作。那一刻，他的叫喊声撕心裂肺，表情扭曲，一副生不如死的模样……以前那个乖巧懂事的好学生形象荡然无存。

等他稍微平复一些，你们便有了一点儿谈话的时间。于是，你问了你很想知道的问题，也就是他为什么会走上吸毒的道路。

好朋友一脸的冤屈和无奈，讲述了事情的来龙去脉。一个月前的一天，好朋友路过一家网吧，无意之间看到网吧门前的新游戏上线宣传海报。他很好奇，忍不住多停留了片刻。网吧老板走上前，将他拉进网吧，并告诉他可以试着玩两局不收钱。

好朋友被“不收钱”这几个字打动，开心地玩起了游戏。过了一会儿，老板拿出一支烟，请他吸，还说玩游戏吸烟会是一种全新的体验。好朋友迟疑了一下，老板又告诉他烟也免费……一次、两次、三次，好朋友成了网吧的常客，免费变成了收费，而且是高价收费。慢慢地，好朋友知道那烟原来是能使人上瘾的毒品香烟。

好朋友知道了真相，但已经上瘾，无力自拔……直到被妈妈发现，才被送进戒毒所强制戒毒。

听完好朋友的诉说，你的第一反应就是网吧老板应该为好朋友染上毒瘾负责，希望他被抓起来。没错，这件事情过后，网吧老板真的被抓起来了。警察通过进一步的调查，查到他其实是一个专门借引诱青少年吸毒牟利的惯犯。

依据《刑法》第三百五十三条，“引诱、教唆、欺骗他人吸食、注射毒品的，处三年以下有期徒刑、拘役或者管制，并处罚金；情节严重的，处三年以上七年以下有期徒刑，并处罚金……引诱、教唆、欺骗或者强迫未成年人吸食、注射毒品的，从重处罚”，以及第三百五十四条，“容留他人吸食、

网吧

注射毒品的，处三年以下有期徒刑、拘役或者管制，并处罚金”的相关规定，老板被追究刑事责任。

恶人得到恶报，但好朋友的戒毒道路还很漫长。懊悔万分的同时，好朋友告诫你千万不要重蹈他的覆辙。

“珍爱生命，远离毒品！”同时，这也是我要让你严格遵守的诺言。

魔法小贴士

我国《刑法》第三百五十三条第一款规定，引诱、教唆、欺骗他人吸食、注射毒品的，处三年以下有期徒刑、拘役或者管制，并处罚金；情节严重的，处三年以上七年以下有期徒刑，并处罚金。譬如，小白去网吧玩，一个大哥哥请他吸烟，说吸一口不会上瘾。小白信以为真，学着大哥哥的样子吸烟。小白很快上瘾，事后才知道那种烟其实是一种包装成烟的毒品。小白成了“瘾君子”。此案例中，大哥哥欺骗小白走上吸毒道路，犯欺骗他人吸毒罪，理应受到法律的制裁。

13. 防不胜防的拐卖

没事耍耍小脾气，到小区附近走一走、散散心，然后回家继续当个乖孩子，这可以理解。但如果将小脾气变成闹别扭，玩起离家出走的把戏，情况就不那么乐观了。如果被坏人盯上的话，后果更是不堪设想。

曾经有一名小学生因为和家里闹矛盾，赌气离家出走遇上人贩子，被拐卖到偏远山村。10 年之后，警方破获一起拐卖案件的时候，才将他找到，并让他重返家园。悲剧的是，他回家时发现爸爸因为寻找他遭遇车祸去世，妈妈因为经不起突然的变故精神受挫，住进了精神病院。看着物是人非的家，已经长成少年的他懊悔万分，但为时已晚。一切，都不能重来。

拐卖妇女、儿童罪，是指以出卖为目的，拐骗、绑架、收买、贩卖、接送、中转妇女、儿童的行为。根据我国《刑法》第二百四十条“拐卖妇女、儿童的，处五年以上十年以下有期徒刑，并处罚金……”的相关规定，拐卖小学生的人贩子被绳之以法。从表面上看，拐卖事件已经结束，但被拐小学

生一生的伤痛却难以消除。

拐卖无时无刻不在发生着，拐卖的方式更是多种多样：有的是在车站、码头等公共场所，用谎言骗取信任，达到自己的罪恶目的；有的是以帮助照看为名将儿童从监护人手中骗走；有的则是以帮助引路、给零食等方法将儿童拐走。面对防不胜防的拐卖，你必须“修炼”出一定的道行，才能幸免于难。

你最不能相信的是陌生人。外出的时候，如果有陌生人故意接近你，请一定当心。不和陌生人说话，不接受陌生人的食物，这些你一定都明白。但如果陌生人向你问路，你该怎么办？这时，你千万不要逞能给他带路，因为很有可能他会在你带路的过程中将你掳走。说到这里，我还要啰嗦一句，如果驾车的陌生人向你问路，你更要与他保持一定距离，千万别贴近车身。因为如果你靠得太近，很容易给别人以可乘之机，将你拉入车内带走。同时，一个人在家的时候，遇到陌生人敲门千万不要开门。

但是，拐卖也并非陌生人的“专利”。熟人作案，更让人难以防范。譬如，前段时间网上曝光了一起临时租客拐走小学生的事件，以及生活中那不胜枚举的熟人作案拐卖儿童的案例。如果你麻痹大意，就会给熟人作案的机会，所以熟人也要提防。遇到事情的时候，最好第一时间与家长、老师商量，不要擅自做主。若在公共场所发现受骗或受到威胁，应立即向人多的地方靠近或跑到路边的机关单位，并大声呼救，寻求帮助。

拐卖防不胜防，你必须时刻提高警惕，不给坏人可乘之机。

魔法小贴士

我国《刑法》第二百四十条第一款规定，拐卖妇女、儿童的，处五年以上十年以下有期徒刑，并处罚金。譬如，小白在公园玩，一个陌生阿姨见他孤身一人，将他骗走，卖到山村一户人家。此案例中，该陌生阿姨犯拐卖儿童罪，应当受到法律制裁。

14. 对家暴说不

因为一道数学题没有做对，就被爸爸拳打脚踢。你感到十分委屈，但是又觉得那是因为自己没有做对数学题，被爸爸教训一顿也是理所当然的。但是有时候自己并没有错，也会被爸爸扇一巴掌。不为别的，只因为爸爸心情不好，或者爸爸喝醉了酒……

苦不堪言的日子，什么时候是个头？孩子，我非常同情你的遭遇，同时也感到难过。因为你并不知道自己的危险处境，可能也从来没有想过如何改变自己的处境。还好，你遇到了我。事实上，我就是来解救你的。

要想得救，就先要明白，自己究竟遭遇了什么？家暴！没错，就是家暴。家庭暴力简称家暴，是指发生在家庭成员之间的，以殴打、捆绑、禁闭、残害或者其他手段对家庭成员从身体、心理、性等方面进行伤害和摧残的行为。

有人片面地认为，家庭暴力就是丈夫对妻子施暴，事实上，妻子对丈夫施暴、父母对子女施暴、对自己的兄弟姐妹施暴也是家庭暴力。还有人片面地认为，家庭暴力就是伤害身体，而不是伤害心理。事实上，心理伤害更加严重。譬如，家庭成员之间的冷暴力，父母长时间的不闻不问，也会对你造成伤害。

对于家暴，很多人存在误区，认为家庭暴力是自己家里的事情，是一种家丑，不可外扬，甚至觉得告诉外人没面子。有这样想法的人，往往在面对家庭暴力的时候，忍气吞声，逆来顺受，让施暴者得寸进尺。

经常遭遇家庭暴力，对孩子的身心健康有着严重的影响。特别是直接对孩子施暴，更容易使孩子产生恐惧、焦虑、厌世心理，轻者影响孩子的情绪，使他们自卑、孤独，影响学习和生活；严重时，孩子会离家出走、荒废学业，甚至走上犯罪的道路。这些都足以说明家庭暴力的危害有多大。

家庭暴力是一种侵犯人权、危害社会的违法行为，实施这种行为的人依法应承担相应的法律责任。首先是民事责任。根据《民法典》的规定，家庭暴力是法定离婚理由之一，而且受害者可以要求家庭暴力实施者承担损害赔偿的民事责任。根据《最高人民法院关于适用〈中华人民共和国民法典〉婚姻家庭编的解释（一）》的规定，持续性、经常性的家庭暴力，可以认定为虐待。其次是行政责任。根据《治安管理处罚法》的规定，虐待家庭成员，被虐待人要求处理的，处五日以下拘留或者警告。

最重要也是最不能逃脱的是刑事责任。严重的家庭暴力可能会构成《刑法》中的暴力干涉婚姻自由罪、虐待罪、故意伤害罪、故意杀人罪、侮辱罪等。其中，家庭暴力实施者对共同生活的家庭成员经常以打骂、捆绑、冻饿、强迫超体力劳动、限制自由等方式，从肉体、精神上摧残、折磨，情节恶劣的，构成虐待罪，应处二年以下有期徒刑、拘役或者管制；如果致使被害人重伤、死亡的，处二年以上七年以下有期徒刑。

从你的爸爸喝醉酒和有事没事就会对你拳脚相向这一点来看，你没有必要庇护他。所以现在，你唯一可以做的就是勇敢地将自己的遭遇说出来，请求帮助。只有这样，才能改变你的命运。

魔法小贴士

家庭暴力是一种侵犯人权、危害社会的违法行为，实施这种行为的人依法应承担相应的法律责任。譬如，小白因为做错事，被父亲殴打，其父亲的行为属于家暴。实施这种行为的人都应依法承担相应的法律责任。

我与法律的故事

我与法律的故事

我与法律的故事

我与法律的故事

图书在版编目 (CIP) 数据

我的第一本法律启蒙书 / 代晓琴著 . —北京：中国法制出版社，2021.12

ISBN 978-7-5216-2273-7

Ⅰ . ①我…　Ⅱ . ①代…　Ⅲ . ①法律—中国—少儿读物
Ⅳ . ① D920.5

中国版本图书馆 CIP 数据核字（2021）第 227551 号

责任编辑：程　思　　封面设计：李　宁

我的第一本法律启蒙书

WO DE DI-YI BEN FALÜ QIMENGSHU

著者 / 代晓琴

经销 / 新华书店

印刷 / 应信印务（北京）有限公司

开本 / 880 毫米 ×1230 毫米　32 开　　印张 / 4.25　字数 / 66 千

版次 / 2021 年 12 月第 1 版　　2021 年 12 月第 1 次印刷

中国法制出版社出版

书号 ISBN 978-7-5216-2273-7　　定价：28.00 元

北京市西城区西便门西里甲 16 号西便门办公区

邮政编码：100053　　传真：010-63141852

网址：http://www.zgfzs.com　　**编辑部电话：010-63141796**

市场营销部电话：010-63141612　　**邮购部电话：010-63141606**